帯を切らずにアレンジ自在！

飾り結びもできる
おしゃれな作り帯

和らく会 著

河出書房新社

はじめに

きものを気軽に着たいけれど、帯結びが苦手という皆さん。
柄出しが難しい帯、結びじわをつけたくない帯が
たんすの奥で眠っているという皆さん。
お手持ちの帯を、帯結びが不要な作り帯にお仕立てしませんか。
和らく会の作り帯は、帯を切らずにたたんで
糸でぬいとめるだけ。糸をほどけば元に戻ります。
柄の出し方も自由自在、体型に合わせたベストサイズで作れます。

たたんで

ぬいとめて

装着も簡単。ベルトのように巻いて、ひもで結ぶだけ。
慣れたら3分で美しい帯姿が完成します。
名古屋帯や袋帯、半幅帯で作る基本の帯結びはもちろん、
簡単なアレンジで作れる本書オリジナルの飾り結びも
いろいろ紹介しています。
帯を切らないので、失敗なし!
どんどん作って、きものライフを楽しんでください。

和らく会

装着3分!

もくじ

作品

名古屋帯×お太鼓結び…4
一重太鼓
和らく太鼓
片ひだ太鼓

袋帯×お太鼓結び…6
二重太鼓
くじゃく太鼓
扇太鼓
羽根出し結び

袋帯×角出し…8

名古屋帯×角出し太鼓…9

半幅帯×文庫結び…10

袋帯×文庫結び…11

イベントコーディネート…12
七五三
秋祭り
クリスマス
結婚式
入学式
お茶席
法事

和らく会きものトーク
「きもの大好き！」…45

本書の作品の作り方は帯の種類別に紹介しています。同じ種類の帯ならば長さに関係なく、すべて同じ手順で作ることができます。

作り方

作り帯のお仕立て・基本マニュアル…14

名古屋帯
一重太鼓の作り方…18
和らく太鼓の作り方…26
片ひだ太鼓の作り方…27

袋帯
二重太鼓の作り方…28
扇太鼓の作り方…33
くじゃく太鼓の作り方…34
羽根出し結びの作り方…36

ワンポイント・テクニック…37

袋帯
角出しの作り方…38

名古屋帯
角出し太鼓の作り方…44

半幅帯
文庫結びの作り方…46

袋帯
文庫結びの作り方…52

装着

角出しの装着…54
和らく会流すっきり帯揚げの結び方…57
お太鼓の装着…58
文庫結びの装着…60
他装・子ども用文庫結びの装着…62

名古屋帯 × お太鼓結び

名古屋帯で最も出番が多い基本の帯結びです。お太鼓部分をアレンジした飾り結びも紹介します。

きものの色を選ばない黒い帯は1本あると便利。扇の柄が切れないようにきれいにお太鼓の真ん中に出しました。

マイサイズですっきりと。着崩れの心配も不要です。

一重太鼓

渋い色味の小格子の大島紬に女性らしいクリーム色の博多織の染帯でモダンな印象に。

淡い友禅の小紋に箔置きの名古屋帯で春の装い。お太鼓とたれの柄もきれい合わせています。

帯揚げは胸元がすっきり見える和らく会流の結び方です。

リバーシブルの帯は裏地を見せる和らく太鼓にぴったり。大島紬をポップに着こなしました。

和らく太鼓

お太鼓の上端を折って裏地を見せる帯結びです。塩沢紬に博多風の帯で。お太鼓とたれも柄合わせしました。

帯留めはリサイクルショップで買ったアンティークのブローチで手作り。

片ひだ太鼓

片側にひだを寄せて、お太鼓の印象を変えました。基本のお太鼓結びを少しアレンジするだけで簡単に作れます。

やわらかい綸子の染帯はぬいやすいので初めて作る方にもおすすめです。

袋帯 × お太鼓結び

フォーマルからおしゃれ着まで
幅広く使える袋帯。ボリュームがあるので
手結びより作り帯が断然ラクです！

フォーマル用のきものにはお太鼓を大きめに作って華やかに。

丸柄と上下の線をきれいにお太鼓に出しました。数ミリの調整も作り帯なら簡単にできます。

二重太鼓

お気に入りの鳥獣柄の帯は柄出しが簡単で作りやすかったそう。「お友達と少し気の張った食事会に行くときのコーディネートです」

結婚式やパーティーなど礼装の日に一番出番が多い帯こそ、作り帯。帯結び不要なので自宅でゆっくり着付けができます。一日中きものを着ていても帯が崩れる心配はありません。

くじゃく太鼓

デザイン考案・井ノ本悦子

お太鼓の上にひだを作り、くじゃくの羽根にように広げました。やわらかい帯でも作り帯ならきれいなひだを作れます。

扇太鼓

お太鼓、扇ひだ、たれを柄合わせして、存在感たっぷりの鶴になりました。主役は鶴なのできものは控えめに。

羽根出し結び

絽の附下訪問着に絽の袋帯で夏の大人コーディネート。ひだの分量や出し方によって粋にも可愛くもなります。

袋帯 × 角出し

大人の粋な帯結びといえば、角出し。
お太鼓の角度やふくらみは
お好みで調整しましょう。
お太鼓結びよりも簡単に作れます。

鮮やかな赤紅色の帯は紬、きものは江戸小紋。お太鼓より断然、角出しのほうが粋な味があります。

紗のきものに角出しの相良刺しゅうの帯。夏のきものは風情があります。作り帯なら装着3分、暑い夏も汗もかかずに着付けが完成です。

お太鼓にボリュームをつけると、ぐっとクラシックな雰囲気に。

お太鼓とたれの丸柄の位置や切れ方もばっちり。

名古屋帯 × 角出し太鼓

基本の角出しをアレンジ。
ひらりと垂らしたお太鼓が粋です。
手先も片側にちょっと細工を。

お気に入りのお太鼓柄で角出しに挑戦。「前柄とお太鼓に刺しゅうがくるように頭を使いました」。作ってしまえばあとは楽ちん。いつでもこの形で帯を付けられます。

前帯の中心に柄を出しました。前帯の柄出しはP37をチェック。

短めのお太鼓。歩くたびに可愛らしく揺れます。

名古屋帯と同じ長さの京袋帯で作りました。帯の地色と同色の紬を着こなしてクラシカルな雰囲気に。

きものの色の一色と帯の色を揃えた粋な帯姿です。帯地のやわらかな風合いが角出し太鼓の軽みにマッチ。

裾の色と草履の台もさりげなく色合わせ。

半幅帯 × 文庫結び

たたみやすい半幅帯はアレンジも簡単！
基本の文庫結びは子ども限定ではありません。
大人テイストの形で作りましょう。

博多帯の羽根の大きさは肩幅よりに少し狭く小ぶりに。作り帯はベルト感覚で付けられます。

大正末期の華やかなアンティーク帯と村山大島紬の組み合わせです。羽根を大きく張り出しました。

マイサイズで作るとこんなに可愛いのです。お子さま、お孫さんのためにぜひ作ってあげましょう。

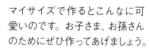

浴衣の色と帯の一色を同系色にして縦長効果を狙っています。可愛くなりすぎないように羽根はアシンメトリーにしました。

袋帯 × 文庫結び

袋帯で作るとフォーマル用に。独身女性やジュニア、ティーンの晴れ着に合わせます。

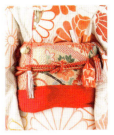

しごきや帯飾りでうんと可愛らしく。

十三参りのコーディネートです。子ども用の帯を用意しなくても大人の帯で作れば、羽根がたっぷり取れます。

帯地がかたい礼装用の帯は手結びだと何度も結ぶと折りじわがついてしまいます。作り帯なら安心です。

淡い色の帯に帯締めでアクセント。帯揚げはたっぷりめに。

イベントコーディネート

作り帯を"作り置き"しておけば
きものを着たいと思ったら
いつでも気軽に着ることができます。

七五三

母娘の七五三コーディネート。お子さまサイズの作り帯を作ってあげましょう。帯の装着も簡単、晴れの日の着付けはママができます!

基本の文庫結びです。子どもの成長に合わせてほどいて作り替えができます。

西陣織の帯を6枚ひだのくじゃく太鼓で華やかに。ひだの数はお好みでどうぞ。

秋祭り

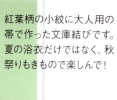

紅葉柄の小紋に大人用の帯で作った文庫結びです。夏の浴衣だけではなく、秋祭りもきもので楽しんで!

お太鼓とたれを柄合わせ。スノーマンが気分を盛り上げます。

真っ赤な帯揚げをちょうちょ結びにして可愛らしく!

Xmasコーデは赤と緑の使い方が見せどころです。スノーマン柄の帯を扇太鼓にして遊び心をアピール。

クリスマス

結婚式

身長との調和を考えて、柄は少し上に出しました。日本女性の第一礼装にお祝いの気持ちをこめて。

金箔のきものに金箔の帯ではなく、寒色の佐賀錦風の帯を合わせて個性的に。

入学式

春らしいやさしい桜色の色無地に帯は二重太鼓で。子育てママの時短着付けは作り帯です！

フォーマル用の袋帯は二重太鼓の作り置きがおすすめです。

お茶席

前帯の柄は中心をずらして作りました。

お茶席でご愛用のつづれ織の名古屋帯は一重太鼓。一つ紋の附下で上品に。お太鼓柄なので柄出しも簡単です。

法事

一つ紋の色無地に般若心経が織りこまれた帯で控えめに。不祝儀なのでお太鼓は小さめです。

仏事の作り帯は急なときでも帯結びが不要で重宝します。

用具揃えからきれいに作るコツまで

作り帯のお仕立て・基本マニュアル

作り帯のお仕立てに特別な用具や和裁や洋裁などの技術は不要。ご家庭にある用具で、初めての方でもきれいに作れます。お裁縫の腕は関係ありませんので、どうぞご安心を！

■ 帯選び

・どんな種類の帯でもOK！
本書では4種類の帯で作り方を紹介しています。最初は針がさしやすいやわらかめの帯地や、柄出しが簡単な全通柄や六通柄が作りやすいです。

・帯結びに苦労する帯
柄出しが難しい、帯地がかたくて結びにくい帯は作り帯にすれば慣れたら3分、お気に入りの柄で装着できます。

・帯地をいためたくない帯
作り帯は結ばないので帯地をいためません。礼装用の帯やアンティークの帯、思い出の古い帯もおすすめです。

■ 基本の用具

❶メジャー 胴回りを測る ❷指ぬき ❸ぬい針とまち針 ❹しつけ糸 ❺食器用スポンジ 2コ。角出し用 ❻糸きりばさみ ❼装着用のひも 2cm幅・胴回り＋40cmの長さ。余り布や手芸用アクリルテープなど ❽ぬい糸 ボタンつけ糸が丈夫でおすすめ ❾洗濯ピンチ 10コ以上 ❿ものさし 帯の幅や長さを測る。40cmのものが使いやすい

■ あると便利！

スレダー（糸通し器）／細い針も太い針も簡単に糸を通せる。

ラジオペンチ／かたい帯地用。帯地にさした針先が抜けないとき、針先をはさんで抜く。

飾りつきヘアゴムの使い方

ヘアゴムを巻く。

飾りつきヘアゴム／ボタンを通した和らく会流ヘアゴム。文庫結びや装着のときに便利。

ボタンをわにひっかける。

■ 帯結びの基本サイズ

お太鼓結びや左右に羽根がある文庫結びなど、帯結びの形には一般的なサイズの目安がありますので、装着する方の身長や体型、帯位置によってサイズを決めてください。たれは人さし指の長さを目安にしてもOKです。なお、本書の作り方ページは、統一サイズで作っています。

【お太鼓】

30〜40cm
8〜10cm

【角出し】

40cm以上
11〜13cm

【羽根出し結び】

4〜6cm
34〜40cm
8〜10cm

【文庫結び（半幅）】
大人用28cm／子ども用23cm

【文庫結び（袋帯）】
大人用28cm／子ども用23cm

【華扇結び】

36〜38cm
9cm

■ フォーマル用サイズ

格の高い袋帯をフォーマルやセミフォーマルなシーンで着用するときは、華やかな雰囲気になるようにふだん使いの帯よりも少し大きめの形に作ります。

二重太鼓＆黒留袖

くじゃく太鼓＆訪問着

羽根出し結び＆絽の附下

文庫結び＆村山大島紬

■ 装着用のひものつけ方　作り帯を装着するときに帯下で結ぶひものつけ方は全作品共通です。

【手先側】

① ひもと胴を4目でぬいとめて、基本線のしつけを切る。
② ひもを折り返し、ひもと胴、たれを4目でぬいとめる。
③ ひもを折り返し、胴から立ち上がりまで1目でぬいとめる。

【胴側】

① ひもと胴の上1枚を4目でぬいとめる。
② ひもを折り返し、ひもと胴2枚を4目でぬいとめる。
③ ひも端を三つ折りぐけにする。

■ 針のさし方

数枚を一緒にぬいとめるときは両手を使ったこんな方法で！
かたい帯地には革用のぬい針もおすすめです。

上が革用のぬい針。針先が三角になっていてかたい帯地にもざくっとさせます。

【上からさす場合】

針を垂直にさす。　　右手で針を固定し、左手で1枚ずつ帯地を引っ張り上げていく。

【下からさす場合】

左手で帯地を持ち、針を垂直にさす。　　上まで針先を通し、両手で帯地を押し下げる。

■ 本書で使うぬい方　折りたたんだ部分がくずれないようにしっかりとぬいとめることができます。

【飾り十字ぬい（3cmの場合）】　※わかりやすいように糸は2本取りにしています。

① 布の裏から針を表に出す。
② 3cm先に針を入れる。
③ ぬい目の中心の5mm下に針を出す。
④ ぬい目の5mm上に針を入れる。

【十字ぬい（1cmの場合）】　※わかりやすいように糸は2本取りにしています。

① 布の裏から針を表に出す。
② 真上の1cm先に針を入れる。
③ ぬい目の中心の5mm右に針を出す。
④ 糸の5mm左に針を入れる。

■ 胴部分の長さを調整する

P18、28の②の見積もり図は標準サイズの胴回りと帯の長さを想定しています。背中心Dを中心点に重ねて胴回り部分を作るとき、胴回りが細かったり帯が長かったりして余分が出てしまったら折りたたんで調整できます。

【お太鼓裏で処理する】

余分が出た状態　　余分を三角部分の下に折り込んでたたむ。

【胴部分の端で処理する】

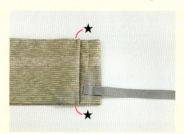

余った分を内側に折り込んで胴1枚と一緒に★部分でぬいとめる。

■ 帯が短いとき

帯が短くて胴部分の長さが足りないときは足し布をすると、最大で13cmくらいまで伸ばせます。足し布は背中に隠れますので、どんな布でも構いません。

一重太鼓(いちじゅうだいこ)の作り方

代表的な帯の仕立て方は名古屋仕立て、松葉仕立て、開き仕立ての3つ。どの仕立て方でも作り方は同じです。

■ 用意するもの
・名古屋帯（長さ：約3.2～3.9m）
・ひも（2cm幅／長さ：胴回り＋40cm）

1 帯の長さと幅、作り帯を付ける人の胴回りをはかる。
ポイント 胴回りは帯を締めたときの帯の下線の位置を目安にしてはかります。

■ 見積もり図

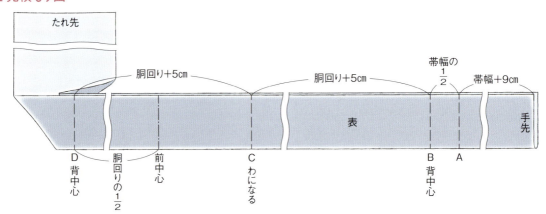

2 ①で計測したサイズを元にしてA～Dの位置を決め、目印のピンチをする。

■ お太鼓部分を作る

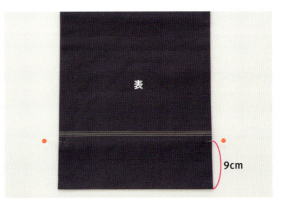

3 帯の表を上にして、たれ側を正面に置く。

4 たれの長さ（P15参照：本書は9cm）を決めて、帯の表側にまち針を打つ。

5 お太鼓にする部分を出したい柄のところまで引き下げる。

6 お太鼓の大きさ（本書は36cm）と帯山の位置を決め、余分をお太鼓の下に折り上げて、下線を④のまち針に合わせ、ピンチで仮どめする。

7 帯山をピンチで仮どめする。⑥のお太鼓の下に折り上げた余分が立ち上がりになる。

8 お太鼓の柄の出方と大きさを確認する。

■ 胴回り部分を作る

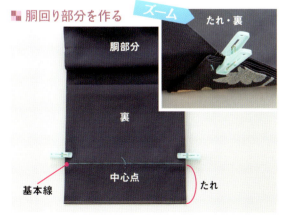

9 帯を裏に返す。たれの1cm上に表側から針を入れて、基本線のしつけをかける。基本線の中心に玉どめで中心点の印をつける。

10 胴部分を折り下げて中心点にDを重ね、たれと一緒にピンチで仮どめする。

⑪ 三角部分に手を入れて余分を押し込む

⑫ ⑪と同様に反対側に手を入れて、余分を押し込む。

⑬ アのところで3cmのぬい目で立ち上がり（P19⑦参照）までぬいとめる。

イラスト1

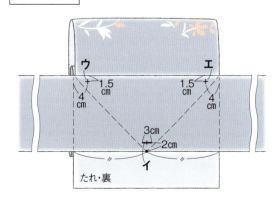
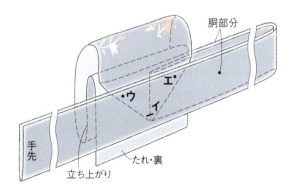

イ→胴1枚と三角部分を飾り十字どめ。ウ→胴1枚と三角部分を十字どめ。エ→胴2枚と三角部分を十字どめ。

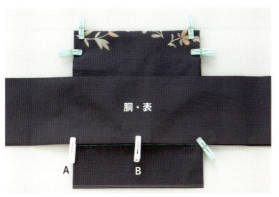

14 胴部分を折って中心点にBを重ねる。

15 イ、ウ、エをぬいとめる（P20イラスト1参照）。

■ 装着用のひもをつける

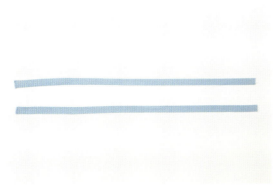

16 ひもを二等分する。

17 ひも1本を写真のように置き、ひも端から2cmのところでひもと胴を4目でぬいとめる（P22イラスト2参照）。

18 基本線のしつけを切る。

19 ひもを折り返し、わから2cmのところでひもと胴、たれを4目でぬいとめる（P22イラスト2参照）。

イラスト2

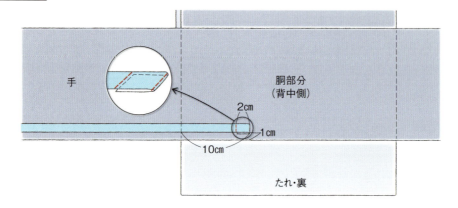

20 ひもを折り返して、根元のところで胴から立ち上がりまで1目でぬいとめる。

21 帯を表に返す。

22 お太鼓(立ち上がりの上)に手先を通す。

23 帯を裏に返す。

24 胴部分をめくり、オのところで胴から手先まで1目でぬいとめる。

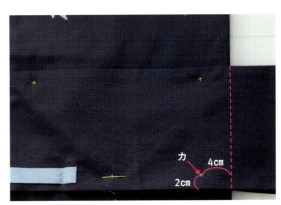

25 めくった胴部分を元に戻して、カのところで胴2枚を十字どめする。

26 胴部分を折り返し、わに右手を入れる。

27 左側を内側に折り、わを持つ。右手で内側を引っ張り、外側にゆるみを作ってピンチで仮止めする。

28 両側に手を入れてゆるみを均等にする。

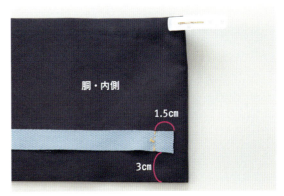

29 ゆるみがずれないようにピンチで仮止めして、残りのひもを置き、ひも端から1.5cmのところと胴の上1枚を4目でぬいとめる。

㉚ ひもを折り返す。

㉛ わから1cmのところでひもと胴2枚を4目でぬいとめる。

㉜ 胴部分の上端を内側に折り込む。

㉝ 内側から針を入れて、2目返し針をしてぬいとじる。

㉞ ぬいとじた状態。

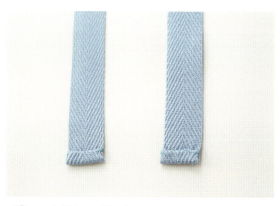

㉟ ひも端を三つ折りぐけする。

全体の形

たたんだ形

㊱ できあがり。

■ たたみ方

1　人さし指を置く

2　胴部分をお太鼓の上に折り返す。わに人さし指を入れて右手で引っ張り、たるみを取る。

3　①と同様に残りの胴部分を折り返していく。

4　折り返した胴部分をお太鼓の中に入れる。

5　胴部分がお太鼓の中にきれいに収まった状態。

6　たれを折りたたむと、コンパクトになって収納に便利。

名古屋帯 和(わ)らく太鼓(だいこ)の作り方

お太鼓の両端を折ってアクセントにします。
柄と裏地の色合わせがセンスの見せどころです。

■ **用意するもの**
・名古屋帯（長さ：約3.2～3.9m）
・ひも（2cm幅／長さ：胴回り＋40cm）×1

1 P18①～P19⑦と同様にお太鼓の大きさと帯山の位置を決める。立ち上がりは帯山まで折り上げる。

2 お太鼓の下線、帯山の中心をピンチで仮どめし、下線から15cmのところに目印のピンチ★をする。

3 ★～▲部分を内側に折り込み、ピンチで仮どめする。

4 帯を裏に返す。P19⑨と同様に基本線のしつけをかけて、玉どめで中心点の印をつける。

5 P19⑩～P20⑬と同様にアのところで5cmのぬい目で立ち上がりまでぬいとめる。

6 P21⑭～P24㉟と同様に帯を完成させて、表に返す。③の★～▲部分をひと目でぬいとめる。

7 できあがり。

名古屋帯 片(かた)ひだ太鼓(だいこ)の作り方

お太鼓の片側にひだを一つ寄せてニュアンスをつけます。
ひだはお好みで左右どちらに寄せてもOKです。

■ 用意するもの
・名古屋帯(長さ:約3.2〜3.9m)
・ひも(2cm幅／長さ:胴回り+40cm)×1

1 P18①〜P21⑭まで同様に作り、P21⑮はイとエだけぬいとめ、P22⑳まで同様に作る。

2 P21⑯〜P24㉟まで同様に帯を完成させる。

3 右にひだを寄せる場合は、帯山の右端から10cmのところに玉どめで印をつける。

4 帯山を折り、玉どめのところでお太鼓を外側に折り返す。

5 帯山をはさんで2cmのぬい目で2目でぬいとめる。

6 お太鼓を元に戻し、帯を表に返す。

7 ひだの形を整える。

8 P21⑮と同様にウをぬいとめる。

9 できあがり。

二重太鼓の作り方
にじゅうだいこ

袋帯

お太鼓部分が2枚重ねになる結び方です。金糸銀糸や箔を使ったフォーマル用や遊び心がある洒落袋帯で作ります。

用意するもの

・袋帯（長さ：4m〜）
・ひも（2cm幅／長さ：胴回り＋40cm）

1 帯の長さと幅、作り帯を付ける人の胴回りをはかる。
ポイント 胴回りは帯を締めたときの帯の下線の位置を目安にしてはかります。

見積もり図

2 ①で計測したサイズを元にしてA〜Dの位置を決め、目印のピンチをする。

お太鼓部分を作る

3 帯の表を上にして、たれ側を正面に置く。

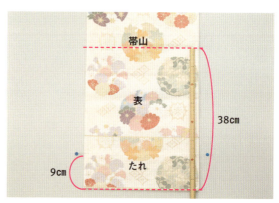

4 たれの長さ（P15参照：本書は9cm）を決めて、帯の表側にまち針を打つ。お太鼓の大きさ（本書は38cm）と帯山の位置を決める。

5 帯山にピンチを仮どめして、お太鼓にする部分を出したい柄まで引き下げる。

6 お太鼓の柄を確認する。たれとお太鼓の柄合わせができる帯は、柄合わせをする。

7 たれとお太鼓の柄が重なるようにして、余分はお太鼓の下に折り上げる。

8 お太鼓の下線を④のまち針に合わせ、ピンチで仮どめする。

胴回り部分を作る

9 帯を裏に返す。

10 まち針の1cm上に表側から針を入れて、基本線のしつけをかける。基本線の中心に玉どめで中心点の印をつける。

29

11 胴部分を折り下げて、中心点にDを重ねてたれと一緒にピンチで仮どめする。P19⑩〜P20⑫と同様にして形を整える。

前帯の幅を帯幅の2分の1より広めにしたい場合は、帯をずらして折って幅を出す。

12 アのところで3cmのぬい目で立ち上がりまでぬいとめる。

13 胴部分を折って、P21⑭、⑮と同様にイ、ウ、エをぬいとめる（イラスト1参照）。

イラスト1

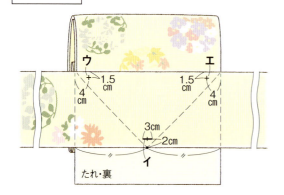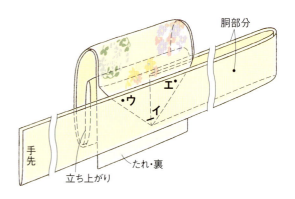

イ→胴1枚と三角部分を飾り十字どめ。ウ→胴1枚と三角部分を十字どめ。エ→胴2枚と三角部分を十字どめ。

30

■ ひもをつける

⑭ ひもを二等分する。

⑮ P21⑰〜P22⑳と同様に胴部分の手先側にひもをつける（イラスト2参照）。

イラスト2

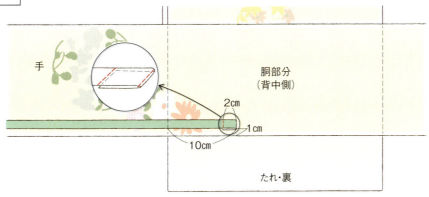

手
胴部分（背中側）
2cm
1cm
10cm
たれ・裏

⑯ P22㉑〜P23㉔と同様にお太鼓に手先を通して、帯を裏に返す。胴部分をめくり、オのところで胴から手先まで1目でぬいとめる。

⑰ めくった胴部分を元に戻して、カのところで胴2枚を十字どめする。

18 P23㉖〜㉘と同様に胴部分の外側にゆるみを作る。

19 P23㉙〜P24㉟と同様にひもをつけて、ひも端を三つ折りぐけする。

全体の形

20 できあがり。たたみ方はP25の名古屋帯・一重太鼓と同様。

たたんだ形

扇太鼓（おうぎだいこ）の作り方

手先を扇のような形に作り、お太鼓からのぞかせます。
P30⑪の手順で胴部分を左側に置くと、右上に扇ひだが出ます。

用意するもの
- 袋帯（長さ：4m〜）
- ひも（2cm幅／長さ：胴回り+40cm）
- ヘアゴム

1 P28①〜P32⑲まで同様に作り、帯を表にして置く。

2 手側を折り返し、お太鼓の中心にタックを取って1目でぬいとめる。

3 タックをゴムでとめ、手先を扇のように広げる。

4 手先をお太鼓の中に通す。

5 手先の端と立ち上がりを1目でぬいとめる。

6 できあがり。

  お好みで

手先の大きく開くと華やかな印象に。

くじゃく太鼓の作り方

お太鼓の帯山の上にひだを作って、くじゃくの羽のように広げます。ひだをとめる位置をかえて楽しめます。

📎 用意するもの

・袋帯（長さ：4m～）
※P28②見積もり図のDからたれ先まで170cmの長さが必要。
・ひも（2cm幅／長さ：胴回り＋40cm）×2

1 P28①～P29⑦まで同様に作り、立ち上がりは10cmにする。帯山のピンチは横にとめる。

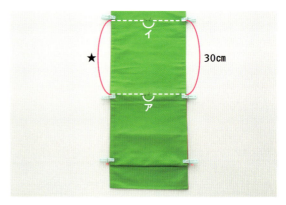

2 帯山の中心に玉どめでア、アの30cm上にイの印をつける。

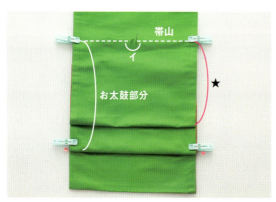

3 ★部分を引き下げてアの上にイを重ね、帯山のピンチをはずす。イが新しい帯山になる。

4 ★部分に6枚のひだを作る。

5 ひだをアのところで1目でぬいとめて、アとイの糸を抜く。

6 帯を裏に返して、ひだと帯山を1目でぬいとめる。

7 P29⑨〜P30⑫まで同様に作る。

8 P30⑬〜P32⑲まで同様に作る。できあがり。

②のひだをとめる位置はお好みで。飾りをつけてもおしゃれ。

お好みで

 ## 袋帯 羽根出し結びの作り方

手先の裏側を扇形に開き、お太鼓の左下から出します。
リバーシブルの帯で作ると、裏地がアクセントに！

■ 用意するもの
・袋帯（長さ：4m～）
・ひも（2cm幅／長さ：胴回り＋40cm）×2
・ヘアゴム×1

1 P28①〜P31⑮まで同様に作り、帯を表にして置く。

2 ★〜▲部分を内側に折りこむ。

3 折りこんだ部分と胴1枚を1目でぬいとめる。

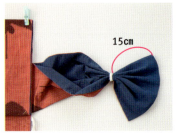

4 手先から15cmのところをゴムでとめ、手先を扇のように広げる。

5 手先の裏側を表にしてお太鼓の中に通す。

6 手先と立ち上がりを1目でぬいとめる。

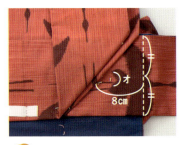

7 帯を裏に返す。胴と扇ひだをお太鼓の端から8cmのところで1目でぬいとめる。

8 胴部分を元に戻して、P31⑰と同様にカのところで胴2枚を十字どめする。

9 できあがり。

自分好みに作るコツ
ワンポイント・テクニック

基本の作り方にひと手間かけて、出したい柄をきれいに出すテクニックです。どんな柄の帯にも使えます。

■ 前帯の柄出し

胴回り部分を作るとき、見積もり図（P18、28、45）のD背中心の位置をずらして、好みの柄と位置にします。

中心

左寄り

右寄り

1 基本のDの位置。ピンクのピンチの位置が前帯の中心にくる。

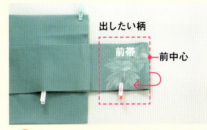

2 胴部分を表に返し、出したい柄の位置にピンクのピンチをずらす。

3 裏に返す。

4 ピンクのピンチから胴回りの1/2の長さの位置にDをずらし、そこから中心点の上にずらす。

■ 前帯の幅出し

背の高い方や広めの帯幅が好みの方は幅出しができます。

胴回り部分を作るとき、帯をずらして折って幅を出す。

■ 飾り結びの位置変え

名古屋帯と袋帯の飾り結びは胴部分の置き方によって、飾りを出す位置を変えられます。

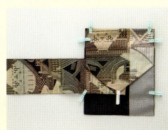

胴部分をP30⑪と逆に左側に置く。

扇ひだが右側に出る。

角出しの作り方

丸みを帯びたお太鼓が粋で女性らしい結び方です。初心者の方は上下の向きがない全通柄の帯が作りやすく、おすすめします。

■ 用意するもの

- 袋帯（長さ：4m〜）
- ひも（2cm幅／長さ：胴回り＋40cm）×1
- 食器用スポンジ×2

1 帯の長さと幅、作り帯を付ける人の胴回りをはかる。

ポイント 胴回りは帯を締めたときの帯の下線の位置を目安にしてはかります。

■ 見積もり図

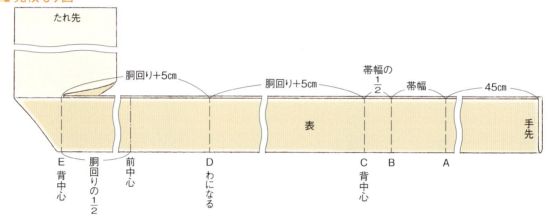

2 ①で計測したサイズを元にしてA〜Eの位置を決め、目印のピンチをする。

■ 胴部分を作る

3 帯の表を上にして、たれ側を正面に置く。

4 たれの長さ（P15参照：本書は13cm）を決めて、帯の表側にまち針を打つ。

5 帯を裏に返す。まち針の位置の表側から針を入れて、基本線のしつけをかける。基本線の中心に玉どめで中心点の印をつける。

6 胴部分を折り下げて中心点にEを重ねる。

7 P20⑪〜⑬と同様に三角部分の余分を取り、アのところで3cmのぬい目でお太鼓までぬいとめる。

8 胴部分を左側に折り返す。

9 Cを中心点に重ねた状態。

イラスト1

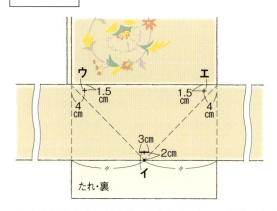
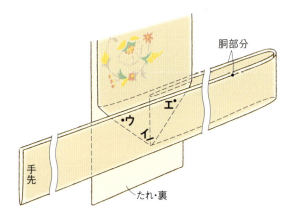

イ→お太鼓の表布以外を飾り十字どめ。ウ→お太鼓の表布まで十字どめ。エ→お太鼓の表布まで十字どめ。

■ ひもをつける

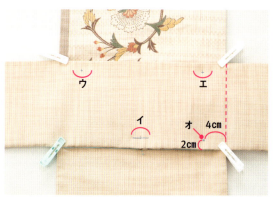
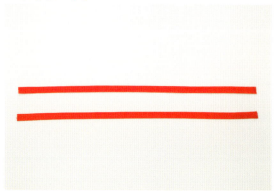

10 イ、ウ、エをぬいとめてから（イラスト1参照）、オのところで胴2枚をぬいとめる。

11 ひもを二等分する。

12 P21⑰〜P22⑳と同様にひもを置き、胴とひもをぬいとめる。

13 胴部分を折り返し、わに右手を入れる。

14 左側を内側に折り、わを持つ。右手で内側を引っ張り、外側にゆるみを作ってピンチで仮どめする。

15 両側に手を入れてゆるみを均等にする。

16 P23㉙〜P24㉞と同様にひもをつける。

17 帯を表に返す。

18 Aが帯の横線にくるように手を折り返す。

19 もう1回、手を折り返す。

■ 角出しのふくらみを作る

20 スポンジ2コをくの字の形になるように合わせて、長辺をぬいとじる。

21 手先を開き、ぬいとじた部分を上にしてスポンジを中央よりやや下に横向きに置く。

22 手先を元に戻して、上側のスポンジと胴部分を1目でぬいとめる。角出しのふくらみが完成。

23 手先の上端とお太鼓の裏側をぬいとめる。

24 手先を開き、スポンジが見えないように内側を1目でぬいとじる。

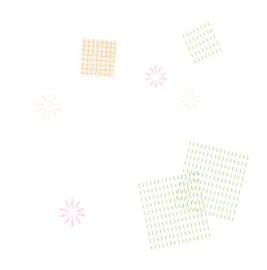

全体の形

たたんだ形

25 できあがり。

たたみ方

1 帯の表を上にして置く。お太鼓の上に胴部分を折り返し、ひもを揃える。

2 残りの胴部分を①と同様に折りたたんでいく。

3 胴部分の上にお太鼓を引き下げる。

4 お太鼓を引き下げた状態。

5 胴部分をお太鼓で巻いていく。

6 できあがり。

名古屋帯 角出し太鼓（つのだしだいこ）の作り方

仕上げのたれはお太鼓にかぶせるだけ。装着も簡単です。名古屋帯や京袋帯で作ります。

■ 用意するもの
- 名古屋帯や京袋帯（長さ：約3.2～3.9m）
※P18②見積もり図のDからたれ先まで105cmの長さが必要。
- ひも（2cm幅／長さ：胴回り＋40cm）×1
- 食器用スポンジ×2　・ヘアゴム×1

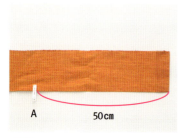

1 P18①、②と同様に計測し、見積もり図のAを端から50cmにする。

2 P18③～P21⑲と同様に作り、たれの上に手先を折り返す。

3 手先を開いて、P42⑳、㉑と同様にスポンジを横向きに入れる。

4 P42㉒、㉓と同様に手先の上端とお太鼓をぬいとめる。

5 胴の下辺から5cm上のところを2目でぬいとめる。

6 帯を裏に返す。胴の下端から5cmのところにひだを取り、ぬいとめる。

7 できあがり。

和らく会 ♥ きものトーク

亡き母が私のために選んでくれた黒留と帯です。着るたびに母を思います。

母が40代の頃、海外旅行で着て絶賛された訪問着。私の勝負きものにしたいです（笑）。

お年を召した方からいただいた白大島。喜んで着させてもらっています。

おばあちゃんの博多帯です。赤い帯揚げで私っぽく！

おばあちゃんが着ていたお振袖をもらいました。

/ Sisters /

帯結びがいらない作り帯があるから
思い出のきものも
たんすに眠らせません！

「きものをもっと気軽に着たい！」という思いから、作り帯の普及活動を始めた和らく会。講師の皆さんやご家族は思い出のきものや帯をどんどん着て、新しい思い出を重ねています！

きもの大好き！

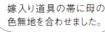

嫁入り道具の帯に母の色無地を合わせました。

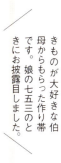

きものが大好きな伯母からもらった作り帯です。娘の七五三のときにお披露目しました。

40年前の子どものお宮参りに着た愛着があるきものです。

亡き姉が「一番大好きな帯よ」と言って、結婚した私にお祝いでくれた思い出の帯です。

叔母からいただいた形見の帯です。

30年前のお嫁入りのときに母が持たせてくれた帯です。

文庫結びの作り方

帯の長さによって羽根の形や重ね方に変化をつけられます。
子どもから大人まで幅広い年代で楽しめるので、"母娘でお揃い"もあり！

用意するもの

- 半幅帯（長さ：約3～4m）
- ひもa（2cm幅／長さ：胴回り＋30cm）×1、ひもb（2cm幅／胴回り＋80cm）×1
- ヘアゴム×2

1 帯の長さと幅、作り帯を付ける人の胴回りをはかる。
ポイント 胴回りは帯を締めたときの帯の下線の位置を目安にしてはかります。

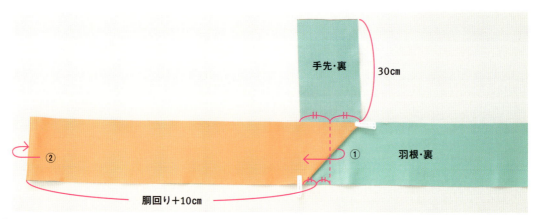

2 帯の裏を上にして置く。手先から30cmの位置で表に折り返し（①）、胴回り＋10cmの位置で右に折り返す（②）。

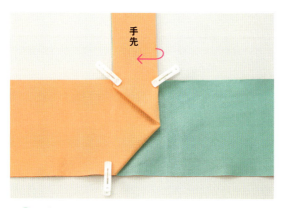

3 手先を半分に折る。

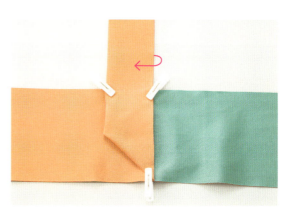

4 手先を左側に倒す。

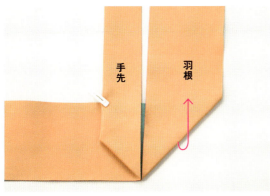

⑤ 羽根を折り上げる。

⑥ 折った羽根を斜め上に折り上げる。

■ ひもaをつける

⑦ ひもaを二等分する。

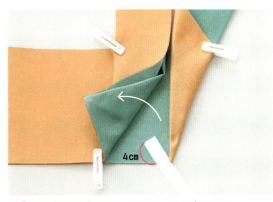

⑧ 胴部分の角をめくって、ひもaを1本のせる。

■ 胴部分を作る

⑨ めくった胴部分を元に戻してひもと胴をぬいとめる。

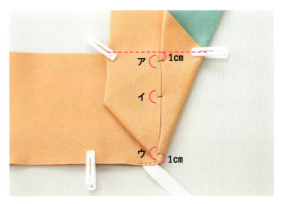

⑩ ア、イ、ウをぬいとじる。

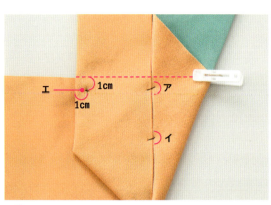

11 エのところで羽根と胴1枚を十字どめする。

12 帯を裏に返す。

13 羽根を右側にねじる。

14 羽根の中心にタックを寄せて、ヘアゴムで結ぶ。

15 ⑭の羽根の残りを下にねじり、タックを寄せて羽根を作って残りを左側に重ねる。

16 中心をヘアゴムで結んで、羽根を⑭の羽根に重ねる。

17 左側の残りの羽根を右側にねじり、羽根を作る。

18 羽根を⑯の羽根に重ねる。

19 ひもbを2つ折りして羽根の中心に置く。

20 ひもを羽根のタックの下にくぐらせ、ひものわに通す。

㉑ ひもを左右に広げて締める。

㉒ ひもをどちらか1本(本書では右側)だけ、わに通す。

㉓ ひもを1回結ぶ

㉔ 手先を胴の中に折りこむ。

㉕ 手先と胴2枚を十字どめする。

㉖ 羽根を整える。

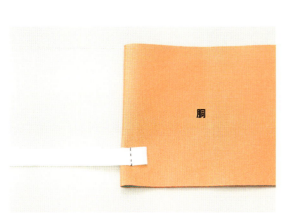

27 P23㉙〜P24㉟と同様に残りのひもaをつけ、上端は折り込まない。

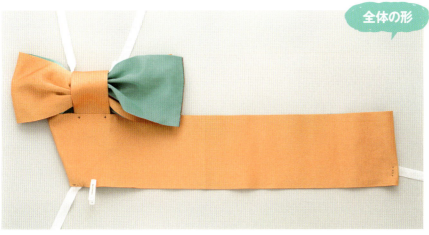

全体の形

たたんだ形

28 できあがり。

■ たたみ方

1 帯を裏に返す。胴部分にひもを置き、一つ折りする。

2 もう1回、胴を折り返す。

3 ひもbを折りたたみ、羽根ごと胴にのせる。

 # 文庫結びの作り方

大人用も同じ作り方で、羽根の大きさだけ違います。
羽根の幅は子ども用が23㎝、大人用は28㎝を目安にしてください。

用意するもの

- 半幅帯（長さ：約3～4m）
- ひもa（2㎝幅／長さ：胴回り+30㎝）×1、ひもb（2㎝幅／胴回り+80㎝）×1
- ヘアゴム×2

1 帯の長さと幅、作り帯を付ける人の胴回りをはかる。
ポイント 胴回りは帯を締めたときの帯の下線の位置を目安にしてはかります。

2 帯を外表にして半分に折り、P46②と同様に置く。手先から45㎝のところで折る。

3 P46③～P49⑯と同様に羽根を作り、上の羽根を下にねじる。

4 たれ先からたたんでひだを作る。

5 ひだの中心をゴムで結んで小羽根を作る。

6 小羽根を表に返して羽根の上に重ねて、中心をゴムで結ぶ。

7 P49⑲〜P50㉓と同様にひもbを羽根の中心につける。

8 手先を胴の中に折りこみ、手先と胴2枚を3cmのぬい目でぬいとめる。

9 P23㉖〜P24㉟と同様に残りのひもaをつける。

10 できあがり。

角出しの装着

角出しも角出し太鼓も装着の仕方は同じです。
お太鼓の角度をお好みで作れます。

■ 用意するもの

- 作り帯（名古屋帯・袋帯）
- 薄手のフェイスタオル×1
  （縦に四つ折りしてから横に三つ折りにする）
- 帯板×1
- 帯揚げ×1
- 帯締め×1
- 角出し用帯枕×1
  （腰ひもでもOK）
- きものクリップ×1
  （洗濯ピンチでもOK）
- ヘアゴム×1

1 帯枕を帯揚げで巻き、中心をヘアゴムでとめる。

2 お太鼓・裏の胴部分のポケット状のところにたたんだタオルを入れ、ふくらみを出す。

3 胴部分を折りたたむ。

4 胴部分に①の帯枕を置く。

5 たれをかぶせて、帯山、たれとたれ先をきものクリップで仮どめする。

6 帯の表を正面にして帯山を持つ。ゴムベルト付きの帯板を使う場合は装着しておく。

7 帯を背中に当てて密着させる。

8 帯枕のひもと帯揚げを仮結びする。

9 お太鼓の下から胴部分をゆっくり引き出し、体に巻いていく。

10 前帯の間に帯板を入れる。

胴部分のわに指を入れて引っ張ると力を入れやすい。

11 胴部分を背中に巻いていき、手先側と胴部分を左右に引っ張る。

12 ひもを正面に回して帯を背中に密着させる。

13 正面の帯下でひもをりぼん結びする。

14 ひもを結んだまま、⑪と同様に胴部分と手先側を左右に引っ張り、二度締めする。

15 ひものゆるみ分が出るので、結び直して帯の下に入れる。

55

16 帯揚げを結ぶ。

17 帯締めをたれのわの中に通す。

18 帯締めとたれの両端を持つ。

19 たれを折り上げていく。

20 好みの大きさや角度に折り上げたら、帯締めを正面に回す。

21 帯締めを結ぶ。

22 できあがり。

和らく会流 帯揚げの結び方

ボリュームを押さえてすっきりした着姿に！

① 帯揚げを広げ、わを上にして三つ折りにする。

② わを上にして二つ折りにし、脇から前にしごいて形を整える。

③ わを上にして右側を下、左側を上にして交差させる。

④ 左側を右側にくぐらせて、ひと結びする。

⑤ 結び目をまっすぐ縦にする（左側が上、右側が下）。

⑥ 下の帯揚げを右側に入れこむ。

⑦ 人さし指と親指を開いた長さになるように、内側に折る。

⑧ 帯ときものの間に入れこむ。

⑨ 入れ終わった状態。

⑩ 帯枕のうしろに入れこむ。

⑪ できあがり。

お太鼓の装着

一重太鼓と二重太鼓、それぞれの飾り結びも
すべて装着の仕方は同じです。

用意するもの

- 作り帯（名古屋帯・袋帯）
- 薄手のフェイスタオル×1
  （縦に四つ折りしてから横に三つ折りにする）
- 帯板×1
- 帯揚げ×1
- 帯締め×1
- 帯枕×1
- ヘアゴム×1

1 帯枕を帯揚げで巻き、中心をヘアゴムでとめる。

2 お太鼓・裏の胴部分のポケット状のところにたたんだタオルを入れ、胴部分を折りたたむ。

立ち上がり

3 立ち上がりの下に①の帯枕をいれる。

4 帯のセットが完成。

5 帯の表を正面にして帯山を持つ。ゴムベルト付きの帯板を使う場合は装着しておく。

6 帯を背中に当てて密着させる。

7 壁に背中を押し当てながら密着させると楽にできる。

8 帯枕のひもと帯揚げは仮結びする。

9 お太鼓の下から胴部分をゆっくり引き出し、正面に巻いていく。

10 前帯の間に帯板を入れる。

11 胴部分を背中に巻いていき、手先側と胴部分を左右に引っ張る。

胴部分のわに指を入れて引っ張ると力を入れやすい。

12 ひもを正面に回して帯を背中に密着させ、帯下でりぼん結びする。

13 ひもを結んだまま、⑪と同様に胴部分と手先側を左右に引っ張り、二度締めする。

14 ひものゆるみ分が出るので、結び直して帯の下に入れる。

15 帯揚げと帯締めを結ぶ。

15 できあがり。

文庫結びの装着

大人の着こなしです。半幅帯の文庫結びに帯揚げ・帯締めを使う袋帯も同じように装着します。

用意するもの

- 作り帯
- 帯板×1
- 帯揚げ×1
- 帯締め×1
- 薄手のハンドタオル×1
- ヘアゴム×1

1 タオルを半分に折って筒状に巻き、ぬいとじる。

2 ①を帯揚げで巻き、中心をヘアゴムでとめる。

3 羽根の下に②を入れる。帯のセットが完成。

4 帯の表を正面にして帯山を持つ。ゴムベルト付きの帯板を使う場合は装着しておく。

5 帯を背中に当てて密着させる。

6 帯枕のひもと帯揚げを仮結びする。

7 胴部分を正面に巻いていく。

8 前帯の間に帯板を入れる。

9 胴部分を背中に巻いていき、手先側と胴部分を左右に引っ張る。

胴部分のわに指を入れて引っ張ると力を入れやすい。

10 ひもを正面に回して帯を背中に密着させ、帯下でりぼん結びする。

11 ひもを結んだまま、⑨と同様に胴部分と手先側を左右に引っ張り、二度締めする。

12 ひものゆるみ分が出るので、結び直して帯の下に入れる。

13 帯揚げと帯締めを結ぶ。

14 できあがり。

61

他装 子ども用 文庫結びの装着

作り帯は人に装着（他装）することも簡単です。
帯枕はハンドタオルで手作りできます。

■ 用意するもの
- ・作り帯
- ・帯板×1
- ・帯揚げ×1
- ・帯締め×1
- ・しごき×1
- ・ハンドタオルA×1
- ・ハンドタオルB×1
  （半分に切ったもの）
- ・ヘアゴム×2
- ・はぎれ×1

1 P60①と同様にして、ハンドタオルA、Bで帯枕を作る。

2 Aは帯揚げ、Bははぎれで巻き、中心をヘアゴムでとめる。

3 羽根の下にAを入れる。帯のセットが完成。

4 Bを背中に当てて、胸の下で結ぶ。

5 帯を背中に当てて密着させ、Bと帯揚げを仮結びする。

6 帯を仮結びした状態。

7 前帯の間に帯板を入れる。

胴部分のわに指を入れて引っ張ると力を入れやすい。

⑧ 胴部分を背中に巻いていき、手先側と胴部分を左右に引っ張る。

⑨ ひもを正面に回して帯を背中に密着させ、帯下でりぼん結びする。

⑩ 帯揚げを結ぶ。

⑪ 帯締めを羽根の下に通す。

⑫ 帯締めを結ぶ

⑬ 左脇でしごきをりぼん結びする。羽根を折り下げて、立体感を出す。

⑭ できあがり。

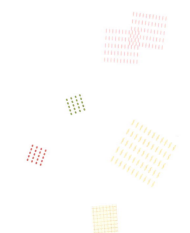

PHOTO / MIZUNO MASUMI

和らく会

「きものが好き、きものを気軽に着たい」という共通の想いの仲間たちが集まり、2009年に設立。帯を切らずにより簡単に作ることができ、使いやすく着崩れしない作り帯にするために改良を重ね、手結びと変わらない和らく会流の作り帯を完成させる。講座実績はよみうりカルチャー、朝日カルチャーセンター、毎日文化センター、NHK文化センター、サンケイリビングカルチャー倶楽部、産経学園ほか多数。講師自身がきものに自作の作り帯を付けて教える懇切丁寧な指導が評判を呼び、これまでに受講した生徒数はのべ8,200人を超える。
・HP（活動内容や講座情報）http://nihonnoobi.com/

本書の内容に関するお問い合わせは、お手紙かメール（jitsuyou@kawade.co.jp）にて承ります。恐縮ですが、お電話でのお問い合わせはご遠慮くださいますようお願いいたします。

撮影	松本英明
ブックデザイン	釜内由紀江 五十嵐奈央子(Grid)
ヘアメイク	千葉結香子
モデル	和らく会
作り方イラスト	大楽里美(day studio)
企画・編集	桜井美貴子（株式会社エイブル）
✻ special thanks	桑山貴子 小柳順子 小柳桜良 八木玲子 八木明里 八木碧渚 小川生志 森重治 和装小物の白梅

帯を切らずにアレンジ自在
飾り結びもできる おしゃれな作り帯

2017年4月20日　初版印刷
2017年4月30日　初版発行

著　者　和らく会
発行者　小野寺優
発行所　株式会社河出書房新社
　　　　〒151-0051　東京都渋谷区千駄ヶ谷2-32-2
　　　　電話　03-3404-8611（編集）
　　　　　　　03-3404-1201（営業）
　　　　http://www.kawade.co.jp/
印刷・製本　図書印刷株式会社

ISBN978-4-309-28633-4
Printed in Japan

落丁・乱丁本はお取替えいたします。
本書のコピー、スキャン、デジタル化等の無断複製は著作権法上での例外を除き、禁じられています。本書を代行業者等の第三者に依頼してスキャンやデジタル化することは、いかなる場合も著作権法違反となります。